Antje Sabine Naegeli

Du bist noch immer da

Wege durch die Trauer

LIEBE LESERIN,

etwas zutiefst Erschütterndes ist geschehen. Der Tod, dieser „Zerbrecher“ und „Verstörer“, wie die Dichterin Friederike Mayröcker ihn nennt, ist gewaltsam eingebrochen in dein Leben. Der Mensch, der über so viele Jahre an deine Seite gehört hat, den du liebst und mit dem du Tage und Nächte geteilt hast, ist dir entrissen worden.

Nur in kleinen Schritten wirst du dich auf die neue, harte Wirklichkeit einzulassen vermögen, in die du hineingeworfen bist. Unfassbar ist es, dass der Tod die vielen Fäden, die euch miteinander verwoben haben, jäh zerrissen hat ohne Achtung, ohne Respekt vor der Würde eurer Zusammengehörigkeit. Wie fremd, wie so völlig unfassbar ist der Gedanke für dich, dass dein Zurückbleiben etwas Unwiderrufliches sein wird, dem du nicht entrinnen kannst.

Es ist, als sei eine Lawine über eure Lebenslandschaft hinweggerollt, die alles unter sich begraben und dich einem äußerst bedrohlichen Chaos ausgeliefert hat. Was dir Halt und Sicherheit gab, was zuverlässig trug, ist weggebrochen. Du hast das Gefühl, am Rand eines Abgrunds zu stehen, drohende Vernichtung zu erfahren bis in den Kern deiner Person hinein.

Wie sollst du dich zurechtfinden in einer so fremden und so beängstigenden Realität, die dir innere Schmerzen zumutet, die hart an die Grenze des Erträglichen oder gar darüber hinausführen. Ich sehe dich vor mir in deiner Verlorenheit und Ratlosigkeit. Ich möchte dich ein Stück weit begleiten und weiß doch, dass ich mir damit viel vornehme. Auch wenn ich den Abgrund der Trauer aus eigenem Erfahren kenne, so ist mir doch bewusst, dass jeder seinen ganz eigenen Weg durch dieses dunkle Tal gehen muss. Aber vielleicht ist der eine oder andere Gedanke, den ich niederschreibe, hilfreich für dich.

Antje Sabine Naegeli

Auf einmal
ist das vertraute Haus
so fremd.
Felsenschwer lastet die Stille
in allen Räumen.
Verwaist die Dinge,
die du so oft
in deiner Hand gehalten hast.
Dein Mantel hängt noch da,
als seist du nur
für einen Augenblick
hinausgegangen.
Es ist so dunkel ohne dich.

MANCHMAL mag es dir vorkommen, als sei alles nur ein böser Traum. Es kann doch gar nicht sein, es darf nicht sein, dass der von dir geliebte Mensch für immer fort sein soll. Es gibt Momente, da meinst du, seinen Schritt zu hören und erwartest das vertraute Herumdrehen des Schlüssels in der Wohnungstür. Wenn du durchs Dorf oder durch die Stadt gehst, glaubst du zuweilen, deinen Mann zu erkennen in der Silhouette eines anderen Menschen. Aber wieder und wieder holt dich die unabwendbare Wirklichkeit ein, die anzunehmen so überaus schwer ist. Er ist nicht mehr auffindbar. Wie sollte deine Seele nicht auf der Suche sein nach dem, der dir genommen wurde. Wie sollte sie sich nicht schwertun, die Realität des Endgültigen zu begreifen. Ist es doch so gänzlich unvorstellbar, so völlig unfassbar, dass der andere nie mehr zurückkommen wird. Dein innerer Mensch braucht Zeit. In kleinen Schritten nur lernst du begreifen, dass du der so unerträglichen fremden Wirklichkeit nicht ausweichen kannst, sondern sie schweren Herzens anerkennen musst.

ES IST EINE große Verarmung, dass wir in unserer Gesellschaft keine wirkliche Trauerkultur, keine vielfältigen Rituale haben, die uns in dieser Zeit zur Bewältigung unserer Erschütterung zu helfen vermöchten. Vielleicht gelingt es dir, dem Abschiedsschmerz auf deine persönliche Weise Ausdruck zu geben. Ein Platz in deiner Wohnung könnte dazu dienen, die Verbundenheit mit deinem Mann auszudrücken. Ich könnte mir vorstellen, dass dort ein Foto steht, eine Kerze dauerhaft brennt, seine Lieblingsblumen ihren Platz finden. Vielleicht legst du Dinge dazu, die dich in besonderer Weise an den geliebten Menschen erinnern. Ein Schmuckstück, einen Stein von seinem Lieblingsort in der Natur, etwas, das er oft in seiner Hand gehalten hat. Für viele Trauernde ist es wichtig, auf diese Weise einen Ort des Gedenkens zu haben. Für manche ist es aber vor allem in der ersten Zeit zu schwer, einen solchen Ort zu gestalten, weil er die Realität des Verlustes spiegelt. Du wirst selber spüren, was für dich im jetzigen Moment stimmt.

VIELLEICHT GEHST DU Wege, die ihr oft gemeinsam gegangen seid. Vielleicht hörst du die Musik, die der Verstorbene so gern gehört hat. Vielleicht umsorgst du das Tier, an dem er hing. Vielleicht drängt es dich, möglichst oft am Grab zu sein, wo die Erde seinen Körper aufgenommen hat. Ganz von selber wird es dich zum inneren Zwiegespräch mit dem geliebten Mann drängen, jetzt oder später. Mag sein, dass dir das seltsam vorkommt, weil dein Verstand dir sagt, dass er dich ja nicht mehr hören kann. Oder doch? Wer wüsste das mit letzter Sicherheit zu sagen. Lass dich nicht hindern, mit deinem Verstorbenen, oder sollte ich besser sagen mit deinem Verewigten, zu reden. Deine Seele weiß, was sie tut. Es ist gut, wenn du dir bewusst immer wieder Zeit schenkst, die nur dieser inneren Zwiesprache gehört, den Gedanken und Bildern, die in dir aufsteigen.

Tage schwarz gerändert,
die mich gefangen halten
im Trauerkäfig.
Nie mehr
deine Stimme hören.
Nie mehr
deinem Blick begegnen.
Nie mehr
spüren
die Wärme deiner Hand.
Sie tun so,
als ob es Trost gäbe.

ENTSETZEN MACHT STUMM. Der Tod verschlägt uns nicht selten die Sprache. Worte, in denen der Schmerz seinen Weg nach außen finden könnte, Worte, die auszudrücken vermöchten, was in uns geschieht, scheinen zuweilen unauffindbar. Es ist, als seien unsere Empfindungen eingekerkert in einem inneren Verlies.

Vielleicht gehört es auch zu deiner Erfahrung, dass du innerlich wie gelähmt bist und eine grenzenlose Leere sich auf alles zu legen scheint. Manchmal braucht die Seele so etwas wie Schutzstarre, wenn sie sich dem Ansturm der Trauerschmerzen nicht gewachsen fühlt. Du „funktionierst" dann lediglich und bist dir dabei selber fremd und wie weggenommen. Es mag dir vorkommen, als seiest du eine hölzerne Marionette, gelenkt von fremder Hand. Diese innere Erstarrung, die viele Betroffene erfahren, löst sich zumeist erst nach und nach. Wenn die Betäubung nachzulassen beginnt, macht sich der Verlustschmerz wieder bemerkbar, fühlst du seine Tiefe und Heftigkeit.

Es kann sein, dass du zuweilen ratlos bist, wie du ihn aushalten sollst, und dass es dir unvorstellbar erscheint, dass dieser Schmerz dich je wieder verlassen könnte. Aber nach und nach wird er sich verändern und dich nicht mehr dauerhaft mit der gleichen Intensität heimsuchen. Es wird jedoch etliche Zeit vergehen, bis die Abstände zwischen Schmerzwelle und Schmerzwelle weiter werden und du den Schmerz eher auszuhalten vermagst.

DAS GEFÜHL DER SCHULD kann in der Zeit des Abschieds und darüber hinaus sehr quälend sein. Wir fragen uns, ob wir denn wirklich für den anderen getan haben, was wir konnten, ob wir nicht viele Male zu wenig liebevoll und aufmerksam waren, zu sehr beschäftigt mit uns selbst, zu ungeduldig, zu wenig versöhnungsbereit. Es ist bedrückend, womöglich dessen inne zu werden, dass wir dem geliebten Menschen mehr schuldig geblieben sind, als es uns zunächst bewusst war. Und jetzt können wir unser Verhalten nicht mehr korrigieren. Jetzt ist es unumkehrbar und wir bereuen, was wir versäumt haben.

Mag sein, unsere Wahrnehmung ist in dieser Zeit übersensibel und unsere Erwartungen, wie wir hätten handeln müssen, sind überfordernd und voller Strenge gegen uns selbst. Nicht selten ist es so.

Es ist aber andererseits nicht auszuschließen, dass gewisse Schuldgefühle zu Recht bestehen. Wir gäben alles darum, wenn wir die Chance hätten, Versäumtes wieder gut zu machen, wenn wir es denn könnten. Ich habe erfahren, dass es in einer solchen Situation hilfreich sein kann, empfundene Schuld beim Namen zu nennen, indem wir unseren Verstorbenen direkt ansprechen in einem Moment innerer Nähe zu ihm und ihn um Verzeihung bitten.

Das Aussprechen unserer Schuld kann befreiende Kraft in sich tragen, so dass unsere Beziehung zu dem geliebten Menschen gleichsam entlastet und gereinigt wird. Dies nicht von einem Augenblick auf den anderen,

wohl aber in einem inneren Prozess. Und ist es nicht auch ein Ausdruck der Liebe, dass wir um Verzeihung bitten und unser Fehlverhalten beim Namen nennen?
Ich denke, dass sich ein solches inneres Geschehen auch auf andere Beziehungen auswirken kann, die zu unserem Leben gehören, indem unsere Bewusstheit wächst, dass Leben endlich ist und wir eines Tages dankbar sein werden für alles, was wir einem nahen Menschen haben sein und geben können. Wir werden achtsamer und sorgfältiger.

DIE GEFAHR, einseitig nur das Versäumte zu sehen, ist zumeist groß in der Zeit des akuten Trauerschmerzes, besonders bei Menschen, die fein und empfindsam sind. Darum ist es so wichtig, auch auf das zu schauen, was wir für den anderen getan haben, was wir ihm sein und geben konnten.
Auch dies ist eine Realität, die gesehen werden will. Ein solches Wahrnehmen des Guten, eine Dankbarkeit für alles, was an Zuwendung möglich war trotz aller Unzulänglichkeit, wünsche ich jedem Menschen, der von einem schmerzlichen Verlust betroffen ist. Ich wünsche auch dir, dass du anerkennen und würdigen kannst, was du deinem Mann geschenkt hast in den Jahren eures gemeinsamen Lebens.

WOHL NIE SIND WIR unserer Verwundbarkeit so schutzlos ausgeliefert, als wenn wir einen geliebten Menschen verlieren. Nie fühlen wir uns dermaßen verlassen, als wenn der Mensch an unserer Seite gehen muss. Es ist gut, wenn du klagen und weinen kannst. Sich dies zu versagen käme einer gewaltsamen Planierung der Seele gleich. Du musst dich nicht zu einer „Tapferkeit“ zwingen, die einer Verleugnung der Abschiedswunde gleichkäme. Schmerzen, die zurückgedrängt werden, können dich krank machen. Es ist heilsam, wenn sich die Tränen nicht nur nach innen, sondern auch nach außen lösen können, wenn die Trauerwogen über dir zusammenschlagen.

Es ist dein Recht, anderen Menschen deine Tränen zuzumuten. Das musst du wissen. Aber wir dürfen auch nicht übersehen, dass viele im Umgang mit Leid hilflos und ungeübt sind, denn wir leben in einer leidensfeindlichen Zeit. Leiden zuzulassen und auszuhalten wird von sehr vielen Menschen als sinnlos erlebt. Solltest du darum fürchten, abgewiesen oder durch unbedachte Worte verletzt zu werden, so ist diese Angst nicht unbegründet. Dennoch möchte ich dir Mut machen, dein Augenmerk auf Menschen zu richten, die leidsensibel sind und bei denen du eine offene Tür findest. Mögen es auch nur einige wenige sein, sie sind in dieser Zeit sehr wichtig für dich, denn deine Trauer braucht Orte zum Bleiben, braucht ein schützendes Dach über dem Kopf.

Es wird dir vermutlich nicht anders ergehen als vielen Trauernden. Du wirst Menschen begegnen, die es, wie man sagt, gut mit dir meinen. Sie sind überzeugt, dass sie dir helfen, wenn sie deinen Blick vom Schmerzvollen weglenken. Da können dann Worte fallen wie: „Du musst mal auf andere Gedanken kommen“, oder: „Du musst mal unter die Leute.“ Vielleicht mahnt man dich auch, du dürfest dich nicht gehen lassen oder weist dich darauf hin, dass die Situation eines anderen Betroffenen noch viel schlimmer sei als die deine, denn du habest doch deinen Mann so lange haben dürfen.
All dies zeigt, wie hilflos und ungeübt viele Menschen sind, wenn es um einen heilsamen Umgang mit der Trauer geht. Weil wir in der Situation des Abschieds oft sehr dünnhäutig sind, können uns solche „gut gemeinten“ Worte nachhaltig verletzen und uns noch einsamer machen, als wir es ohnehin schon sind. Statt Trost zu empfangen, den wir doch so nötig hätten, werden wir vertröstet und von unseren inneren Empfindungen weggelenkt. Statt Nähe erfahren wir Berührungsängste und eine Abwehr der Gefühle, die in dieser Zeit zu uns gehören.
Ich möchte dir Mut machen, nach Möglichkeit Menschen zu meiden, die dir nicht gut tun, und die Nähe derer zu suchen, die sorgfältig sind im Reden und die zu schweigen wagen, wo Worte nicht zu tragen vermögen. Es ist wichtig, Gefühle des Schmerzes und der Trauer nicht künstlich einzudämmen und abzukürzen, sondern ihnen Raum zu geben, solange sie in dir sind.

TRAUERN BRAUCHT SEINE ZEIT. Das können für den einen Monate sein, für einen anderen Menschen kann diese Zeit sich über mehr als ein Jahr ausdehnen. Es gibt keine Norm. Erst wenn ein Mensch auch nach sehr langer Zeit nicht mehr aus seinem Trauererleben herausfindet, ist es angezeigt, fachliche Hilfe in Anspruch zu nehmen. Ich wünsche dir, dass du Kraft zur Geduld haben kannst.

Vielleicht hast du dich auch schon gefragt, was du denn noch auf dieser Erde sollst ohne den anderen, was für einen Sinn es noch macht, allein weitergehen zu sollen, wenn doch ein wesentlicher Teil von dir mit ins Grab gerissen wurde. Es liegt nahe, dass du gerade in der ersten Zeit der Trauer kaum Kraft hast, die jäh veränderte Wirklichkeit ablehnen musst, dass du keine Sinnantwort zu finden vermagst, sondern erst allmählich in sie hineinwachsen kannst.

Solltest du diese Sehnsucht auch gehen zu können in dir spüren, so kann ich dich nur bitten, nicht mit diesen Gedanken allein zu bleiben, sondern sie anzusprechen vor einem trauererfahrenen Menschen. In aller Regel bleiben solche Impulse nicht über lange Zeit bestehen. Sie werden nach und nach schwächer, die Lebensimpulse hingegen werden langsam zunehmen. Ich weiß wohl, dass dies schnell gesagt ist. Meine Hoffnung ist aber, dass du es selber mit der Zeit erfahren wirst.

Es mag dir zuweilen wie Hohn vorkommen, dass die Dinge, die deinem Mann gehört haben, den Toten gleichsam überdauern. Alles um dich her zeugt von seiner Gegenwart und er selber ist dir unwiderruflich fortgenommen.

Manchmal kommt in dieser Situation der Rat, sich doch möglichst rasch von Kleidung, Schuhen und anderen persönlichen Dingen des Verstorbenen zu trennen, weil sie den Schmerz unnötig wachhalten. Es gilt aber, hierin sehr achtsam zu sein und nichts zu tun, wozu die Seele noch nicht bereit ist. Du allein nur kannst erspüren, wann du innerlich in der Lage bist, dich von diesen Dingen zu verabschieden. Die Zeit dafür muss reif geworden sein, damit du dich nicht überforderst und dir gewaltsam etwas abverlangst, was dein innerer Mensch noch nicht zulassen kann.

Es wird Dinge geben, von denen du dich nach und nach trennen und sie in gute Hände geben kannst. Einiges wird dir so ans Herz gewachsen sein, dass es als Zeichen eurer Verbundenheit bei dir bleiben soll. Unabhängig von seinem materiellen Wert wird es den einen oder anderen Gegenstand für dich geben, der darum von großer Kostbarkeit ist, weil er gleichsam ein Pfand eurer gemeinsamen Geschichte darstellt. Das zutiefst Wesentlichste wird aber immer das Bild des geliebten Menschen in deinem Herzen bleiben.

ALLEIN AM TISCH zu sitzen, allein im Bett zu liegen und die vertrauten Atemzüge zu vermissen, allein zu bleiben mit Gedanken und Impulsen, die du zu teilen gewohnt bist, wie schwer ist es, das zu ertragen nach all den Jahren geteilten Lebens. Du sehnst dich zurück nach dem ganz normalen gemeinsamen Alltag. Es gibt keinen Lebensbereich, der unbeeinträchtigt wäre von deiner Trauer. Das Unerträgliche will ausgehalten sein, so hart und unerbittlich dies auch klingen mag. Vielleicht ist es befremdlich und eine Zumutung für dich, wenn ich dir aus meiner Erfahrung sage, dass gerade im Zulassen, im Durchstehen der quälenden Empfindungen sich der innere Wandlungsprozess vollzieht, der jetzt nottut. Gerade im Aushalten des Leidvollen begegnest du deinem Mann und eurer gemeinsamen Geschichte nochmals in einer größtmöglichen Intensität, prägt sich sein Bild dir unauslöschlich ein und bestätigt sich dir die Gewissheit, dass du ihn immer liebevoll in dir tragen wirst.

TRAUER IST viele Male verbunden mit Gefühlen des inneren Aufruhrs. Warum, so fragst du, musste mir der Mensch entrissen werden, den ich doch brauche wie niemanden sonst auf der Welt. Und andere haben einander. Welch eine Kränkung, wenn du Paaren begegnest und die Leere an deiner Seite schmerzlich sichtbar wird! Nichts ist so gegenwärtig wie die Abwesenheit deines geliebten Partners. Welch eine brutale Zumutung ist das! Wen kannst du anklagen? Das Le-

ben? Das Schicksal? Gott? Du spürst, wie sehr dich diese Gefühle der Wut, der Ohnmacht, der Empörung und der Erbitterung aufwühlen. Wohin mit dem Aufschrei in dir? Deine Seele gleicht einem sturmgepeitschten, tosenden Meer. Es ist nicht leicht, dies auszuhalten.
Auch wenn du spürst, dass dich innerlich etwas zurückhalten möchte, so scheint es mir doch hilfreich, dem, was da wogt in dir, einen Ort, einen Raum zu geben. Deine Gefühle brauchen ein Wohin. Ich wünsche dir sehr, dass wenigstens ein Mensch da ist, der deinem Zorn, deiner Wut ein Lebensrecht zuerkennt und mit dir darin aushält.
Wenn du es vermagst, so lasse deine Klage und dein Entsetzen auch vor dem Gott laut werden, der gewollt hat, dass der Tod dir den nächsten Menschen raubt, oder der es zumindest zugelassen hat. Du darfst mit ihm streiten und ihm alle deine Gedanken und Gefühle zumuten, die dich quälen, auch wenn er dir fragwürdig, ja feindlich vorkommen mag und du nicht weißt, ob dein Glaube diesen brutalen Schicksalsschlag überleben wird. Wisse, dass der innere Widerstand, die Auflehnung gegen das dir Zugemutete ein Teil deines Trauerweges ist, der dir nicht erspart bleiben kann.
Du hast ein Recht darauf zu fühlen, was du fühlst.

ES KANN GESCHEHEN, dass der hilflose Zorn, der von dir Besitz ergreift, auch den Menschen trifft, der dir genommen wurde. „Wie konnte er mich allein lassen?“, fragt es in dir. „Er hätte doch wissen müssen, was es für mich bedeutet, allein zurückzubleiben und dass ich mich einem Leben ohne ihn in keiner Weise gewachsen fühle. Wie amputiert komme ich mir vor, denn mein Mann war doch die andere Hälfte, ein Teil von mir. Wie konnte er gehen, ohne zu fragen, was das für mich bedeutet? Was mutet er mir zu?“

Vielleicht beschleichen dich Schuldgefühle, wenn du so denkst, wenn du erlebst, dass du wütend bist auf deinen Toten. Dein Verstand sagt dir, dass er sein Gehen nicht aus eigenem Entschluss heraus gewollt hat, dass er nicht gefragt wurde, ob er bereit sei, von dieser Welt Abschied zu nehmen. Aber für dich fühlt es sich so an, als habe er dich im Stich gelassen.

In den Gefühlen des Zornes drückt sich dein innerer Widerstand gegen den schweren Verlust aus, gegen die große Bedrohung auch, die er für dich bedeutet. Die Wut, die du fühlst, fragt nicht nach ihrer Berechtigung. Sie ist einfach da. Vielleicht gelingt es dir, diese Gefühle nicht zu bewerten. Sie sind der Versuch, mit dem Unerträglichen fertigzuwerden und als solche sind sie Durchgang und nicht etwas, das sich für immer eingraben wird in dein Inneres. Wut gehört für viele zum Trauerweg und es gibt keinen Grund, sich ihrer zu schämen.

DEINE GEDANKEN UMKREISEN den Toten. Wo ist er hingegangen? Ist der Tod ein Nirgendwo? Oder ist er das Tor in eine Anderswelt, die vorzustellen uns nicht möglich ist? Geben uns die Träume und die inneren Bilder todgeweihter Menschen, geben uns gewisse Sterbe- und Nahtoderfahrungen, von denen uns immer wieder berichtet wird, eine Vorahnung von einem unaussprechlichen Trost, einem letzten Aufgehobensein, einem umfassenden Heilsein und einer unsäglichen Geborgenheit?

Es kann nicht um Beweise gehen, meine ich, wohl aber um Hinweise, um Vorzeichen einer großen Hoffnung. Mit Recht können wir aus solchen Berichten den Schluss ziehen, dass unser Alltagsbewusstsein mit seinen rein rationalen Erklärungen von Sterben und Tod die dahinter liegende Wirklichkeit nicht erfassen kann. Selbst wenn wir den Berichten Nahtoderfahrener mit großer Skepsis gegenüberstehen mögen, bleibt doch die Frage offen, ob wir denn als Liebende anders können, als uns offen zu halten für die Möglichkeit, dass der Tod nicht das Ende, sondern, ähnlich wie die Geburt, ein Übergang sei. Müssen wir nicht bekennen: „Ich liebe, also hoffe ich"?

IM CHRISTLICHEN GLAUBEN wird uns die Hoffnung auf ein letztes Aufgehobensein zugesprochen. Jesus, der Christus, hat zu seinen Freunden immer wieder vom Zuhausesein in der Gegenwart Gottes geredet und den Tod als ein Vorletztes gesehen. Er hat sich seinen nächsten Menschen in seiner neuen Daseinsgestalt gezeigt. Ostern, das wichtigste Fest der Christen, erinnert uns an diese Hoffnung. Aber wir wissen auch, dass wir in der Zeit des Abschieds durch tiefe Infragestellungen und äußerste Verunsicherung gehen müssen. Wie schwer kann es sein, uns auf ein Vertrauen einzulassen, das jenseits unserer Erfahrung liegt, denn das Erleben unserer Identität ist so stark mit unserer Körperlichkeit verbunden, dass wir uns zu Recht fragen, was denn ohne sie noch von uns bleibt. Für unsere Augen ist da nichts als ein endgültiger Schlussstrich. Der Tod ist ein Hoffnungsdieb. Das erschütterte Vertrauen kann sich oftmals erst langsam wieder aufrichten. Wenn dir durch die Wucht der seelischen Schmerzen kein Raum, keine Kraft mehr bleiben für die Hoffnung, so ist dies mehr als verständlich. Aber du sollst wissen, dass die Zeit des Hoffnungsverlustes eine Phase der Trauer, ein Durchgang sein kann und dass verlorene Hoffnung nachzuwachsen vermag.

OB ICH GLAUBE, dass es das gäbe, dass die Toten in unserer Nähe sein könnten, fragte mich letzthin eine verwaiste Mutter. Man könne dies ja auch für Einbildung halten oder für eine aus dem Heimweh geborene Fantasie. Immer wieder einmal wissen Menschen davon zu berichten, dass sie eine Gegenwart spüren, die ihnen vertraut ist, eine Berührung zuweilen auch. Und unter ihnen sind wahrhaftig genügend Menschen, die mit beiden Beinen auf dem Boden dieser Erde stehen.

ICH ZWEIFLE NICHT, dass unsere Toten wohl zunächst nicht weit entfernt von uns sind. Einmal sah ich in einem Traumbild zwei von mir geliebte verstorbene Menschen auf einem Naturweg spazieren, der nur durch einen durchlässigen Weidezaun von meinem Weg getrennt war. Ich verstand diese Traumbotschaft so, dass meine Seele ein Wissen hat, für das mein Intellekt zu begrenzt ist: Zwischen der Welt der Lebenden und derjenigen der Toten sind die Wände dünner, als wir zu meinen geneigt sind. Ich bin überzeugt, dass unsere Toten uns zuweilen Zeichen geben, mit denen sie uns trösten wollen. Oft geschieht dies über Träume. Auch wenn es hierbei nicht um Beweisbares geht, gibt es, so meine ich, jene „Gründe des Herzens", diesen Zeichen zu trauen. Sie vermögen uns innerlich zu befrieden und uns zu stärken. Wenn uns darum die feine Wahrnehmung der Nähe eines verewigten Menschen geschenkt wird, dürfen wir sie, so meine ich, dankbar annehmen. Wir sollten sie jedoch nicht herbeiziehen wollen, denn unsere Verstorbenen haben ihren eigenen Weg und müssen sich von dieser Erdenwelt lösen. Aber die Liebe, die uns verbunden hat, dessen bin ich gewiss, wird niemals verloren gehen.
Trauer auszuhalten ist schwer. Und doch: Gehört es nicht zur Würde des Verstorbenen und zur Liebe, die du für ihn im Herzen trägst, dass du die Schmerzen des Verlustes anzunehmen versuchst, auch wenn es zuweilen unmöglich erscheint und unzumutbar?

Indem du die Erinnerung an deinen Mann in dir lebendig hältst, bewahrst du das Andenken an den geliebten Menschen, ist er aufgehoben in deinem Herzen. Dein Weg ohne ihn ist so schmerzlich, aber deine Trauer bestätigt noch einmal die Tiefe eures Verbundenseins, die Würde und den Wert deines Toten als eines einzigartigen Menschen. Der, den du so vermisst, muss nicht unbetrauert und unbeweint aus dieser Welt gehen. Das innere Band bleibt über den Tod hinaus bestehen.

Die Zeit der Trauer in all ihren Facetten ist eine Zeit der Krise. „Wir werden eingetaucht und mit dem Wasser der Sintflut gewaschen, wir werden durchnässt bis auf die Herzhaut“, formuliert die Lyrikerin Hilde Domin in einem ihrer Gedichte. Unschwer wirst du dich in solchen Worten wiederfinden.

Die Krise des Abschieds von einem geliebten Menschen bedeutet für viele Betroffene auch eine Krise ihres Gottesglaubens. Warum hat dieser Gott dir den Menschen genommen, der dir so lieb ist, so vertraut? Wie geht das zusammen mit dem Bild eines Gottes, der als fürsorglich, liebevoll und schutzmächtig verkündigt wird? Wer von uns kann schon mit Hiob sagen: „Der Herr hat’s gegeben, der Herr hat’s genommen, der Name des Herrn sei gelobt“? Gewiss gibt es Menschen, die sich auch in ihrem Trauerschmerz in Gott geborgen wissen. Aber wir Erschütterten, wir Zweifler und Verzweifelten? Wir, deren Vertrauen völlig infrage gestellt ist, deren Glaube in sich zusammengebrochen ist, wohin sollen wir gehen in der Nacht der Gottesfinsternis?

ICH WEISS KEINE andere Zuflucht, als dass wir vor Gott zu Gott fliehen, unsere Not und unser Erschrecken vor dem herausschreien, der uns zutiefst fragwürdig geworden ist. Vielleicht findest du dich wieder in den Worten der Klagepsalmen, in denen so viel von Schmerzen und Gottverlassenheit die Rede ist. Oder deine Sprachlosigkeit wird aufgebrochen von einem vorformulierten Gebet aus unseren Tagen, das du dir „ausleihst", bis du in deine eigene Sprache zurückfindest. Ich wünsche dir immer wieder Mut zur Klage. Sie ist nicht nur legitim, sondern unverzichtbar. Dabei denke ich nicht, dass du auf die Warumfrage eine Antwort finden wirst. Und doch will sie herausgeschrieen sein. Die Rätselhaftigkeit des dir Zugemuteten wird bestehen bleiben. Auch die Unbegreiflichkeit Gottes wird bleiben. Aber du kannst in einem inneren Prozess über den Aufschrei hinauswachsen und Frieden finden. Es kann geschehen, dass du irgendwann erfahren darfst, dass du trotz allem getragen bist und das erschütterte Vertrauen nach und nach wieder geheilt wird.

Seltsamerweise bedeuten Grenzerfahrungen, wie die Trauer um einen geliebten Menschen sie darstellt, nicht nur eine Infragestellung unseres Gottesglaubens. Sie können gleicherweise zum Ort einer vertieften spirituellen Erfahrung werden. Es kann gerade in dieser äußersten Not geschehen, dass wir von etwas Unbegreiflichem ergriffen werden, mit dem wir nicht gerechnet haben, etwa dass wir uns plötzlich für kurze Zeit in einem angstfreien Raum wiederfinden, ohne

dies zu verstehen. In unseren Träumen können Bilder auftauchen, die von großer Bedeutsamkeit sind, weil sie uns Halt vermitteln. Sie lassen uns ahnen, dass wir von „guten Mächten“ begleitet sind. So träumte ich in einer Zeit bedrängender Trauer, dass ich mich in einem großen Schiff, einer Arche befand, die von sturmgepeitschten Wellen hin und her geworfen wurde. Dieser Traum endete damit, dass ich mich auf einem ruhigen Naturweg zwischen blühenden Wiesen gehen sah. Die inneren Bilder zeigten mir, was mein Verstand nicht wusste, dass ich die Krise überdauern würde und danach getrost meinen Weg gehen könnte.
Ich möchte dir Mut machen, wachsam zu bleiben für die Zeichen der Hoffnung in dieser so schwierigen Zeit und gut auf deine Erfahrungen zu achten. Wie sehr wünsche ich dir, dass du inmitten deiner Trauer eine Ahnung empfangen darfst von einem letzten Begleitet- und Aufgehobensein.
Was mag dir wohltun in diesen schweren Wochen und Monaten? Ich vermute, dass ich nicht fehlgehe, wenn es oftmals Menschen sind, deren Gegenwart dir das Gefühl gibt, nicht grenzenlos verloren und einsam zu sein in deinem Schmerz. Menschen brauchen Menschen, um in der Trauer nicht unterzugehen. Menschen, die feinfühlig und behutsam sind, die dich nicht mit Leerworten, mit Ratschlägen und belehrenden Sätzen abspeisen, sondern bei dir sind, indem sie ihre Hilflosigkeit aushalten. Menschen sind wichtig, die mit dir schweigen können, die dich nicht durch falsches Mit-

leid entwürdigen, die dich umarmen, wenn du Nähe zulassen kannst, die Liebevolles über deinen Toten sagen, mit dir weinen und für dich, vielleicht auch mit dir beten, wenn es deinem Wunsch entspricht. Ich denke, dass auch praktische Hilfe wichtig sein könnte, denn für manches mag dir im Moment einfach die Kraft fehlen. Bei aller Wertschätzung für die Zuwendung gilt jedoch auch, dass es dein gutes Recht ist, dich zurückzuziehen, wenn du mit deinen Gedanken und Empfindungen allein sein möchtest. Von manchen Betroffenen weiß ich, dass ihnen in dieser Zeit die Musik sehr wichtig geworden ist. Musik kann seelische Schmerzen mildern und uns einen inneren Raum öffnen, in dem wir geheimnisvoll aufgehoben sind.

Vielleicht hast du Zugang zum Schreiben? Von Menschen in Trauer erfahre ich, dass sie es als Hilfe empfinden, sich schreibend ihrer Trauer, ihrer Empfindungen, ihres inneren Erlebens bewusst zu werden. Das gilt nicht für jeden und es gilt nicht jederzeit. Du selber spürst am besten, was dir wichtig werden könnte.

Von einem Mönch, der in einem süddeutschen Kloster lebt, weiß ich, dass immer wieder Trauernde seine Ikonenmalkurse besuchen und davon berichten, dass sie durch diese meditative Form des Malens wieder in ihre verlorene Mitte zurück wachsen. Es müssen nicht Ikonen sein. Auch andere Formen des Malens oder des künstlerischen Ausdrucks überhaupt können uns neu zentrieren. Das Sich-ausdrücken-Können ist das Entscheidende.

Häufig ist es die Natur, die zu einem wichtigen Zufluchtsort werden kann in dieser so belasteten Zeit. Ihr Werden und Vergehen lässt sich beobachten. Wir begegnen der geheimnisvollen Ordnung, in die sie eingebettet ist. Das kann die Hoffnung in unserer Seele anstoßen, dass alles Leben und Sterben aufgehoben ist in einem letzten großen Sinngefüge.
Was für dich mildernd und lindernd wirkt, kann nur aus deiner eigenen Erfahrung erwachsen. Auch wenn du dich vielleicht im Moment noch nicht recht auf die Suche machen magst, so möchte ich dir dennoch Mut machen, gut darauf zu achten, was dich jetzt ein wenig zu stärken und dir wohlzutun vermag, auch wenn es vorerst nur für Momente sein sollte.

Wir möchten so gern noch etwas tun können für einen Menschen, dem wir Lebewohl haben sagen müssen. Es ist wenig, was noch in unserer Hand liegt. Aber dieses Wenige zu tun scheint mir unverzichtbar. Etwas von diesen letzten Zeichen der Liebe ist es, unserem Verstorbenen einen Segen mitzugeben auf seinen Weg in die andere Welt. Vielleicht fühlst du dich angesprochen von Worten wie diesen:

Mögest du heimkehren
zu deinem Ursprung
und getröstet werden mit ewigem Trost.
Möge alle Angst vergangen sein
und alles Entbehren.
Möge Gott alles verhinderte Leben befreien
und dich segnen mit unaussprechlicher Freude.
Möge die vollkommene Liebe
für immer dein Zuhause sein.

DIE BEGEGNUNG MIT DEM TOD, das Erfahren dadurch ausgelöster tiefer Erschütterung kann uns, kann unser Leben verwandeln, wenn wir es zulassen. Am Tod lernen wir das Leben. Wie das gemeint ist? Unserer Endlichkeit innezuwerden bedeutet immer auch wieder, neu nach dem zu fragen, was unser Leben auf dieser Erde denn kostbar macht, was hinter uns zurückbleiben soll, wenn wir eines Tages den letzten Weg gehen müssen. Unser Empfinden für das Kostbare, für das, was wirklich zählt, kann sich durch die Begegnung mit Sterben und Tod stärker ausprägen. Auch wenn unser Leben durch einen schweren Verlust zunächst geschwächt und gefährdet werden kann, wird uns womöglich nie in einer solchen Intensität bewusst, wie wichtig, wie unersetzlich gelebte Verbundenheit mit geliebten Menschen ist. So werden wir empfänglicher und dankbarer für alles, was wir an Schönem und Wertvollem erfahren und können unser Leben mit einer vertieften Bewusstheit durchwandern und gestalten. Manchmal wird uns durch den Verlust eines geliebten Menschen bewusst, wie viel Schönes und Beglückendes die miteinander verbrachten Jahre aller Unvollkommenheit zum Trotz in sich bargen. Wenn der erste so überaus quälende Trauerschmerz einer sanfteren Form der Trauer zu weichen beginnt, wird uns nicht selten bewusst, wie viel Grund zur Dankbarkeit wir haben für alles, was wir miteinander haben teilen können.

Vielleicht erlebst du es auch so, dass du dem anderen deinen warm empfundenen Dank so gern noch einmal gesagt hättest, weil dir manches nie so wenig selbstverständlich erscheint wie jetzt. Ich könnte gut verstehen, wenn es dir Schmerz bereiten sollte, diesen Dank nicht mehr direkt mitteilen zu können.

Aber was sollte dich hindern ihn auszusprechen vor dem Foto des geliebten Menschen oder an seinem Grab? Du könntest eine Rose niederlegen und deine Dankbarkeit mit ihr zum Ausdruck bringen.

Welches Ritual du auch finden magst, um deinen Empfindungen eine Gestalt zu geben, das Wichtigste wird bleiben, dass du im Herzen bewahrst, was dich dankbar sein lässt. So wird die innere Verbundenheit mit dem geliebten Verstorbenen auf eine Weise spürbar, die dich reich zurücklässt. Im Dank bleibt euer Zusammengehören auf eine zarte und schöne Weise bestehen.

Vielleicht habt ihr zu Lebzeiten deines Mannes einmal darüber geredet, was ihr einander wünscht, wenn einer von euch zurückbleiben muss. Es mag aber auch sein, dass ihr zu große Scheu hattet, an ein solches Thema zu rühren oder der Tod euch plötzlich auseinander gerissen hat. Dann kannst du mit Hilfe deiner inneren Vorstellungskraft versuchen, dir vor Augen zu malen, was dein Verstorbener wohl jetzt für dich wünschen würde. Er würde deinen Schmerz verstehen, nehme ich an, aber vermutlich würde er dir auch wünschen, dass du dich Schritt um Schritt dem Leben in seiner Vielfarbigkeit wieder zuzuwenden lernst und das Dunkel der Trauer den hellen und lichten Farben weicht. Dieser Gedanke kann dir viel Kraft geben.

WIE GEWINNEN WIR die Hoffnung, das Vertrauen, dass neues Leben jenseits des Abschieds möglich sein wird? Was hilft uns, den Verlust zu bestehen? Gibt es Trost? Ich denke, dass es ihn nicht jederzeit gibt. Wir werden immer wieder Stunden und Tage des Ungetröstetseins durchzustehen haben. Und dann werden es in aller Regel zunächst Augenblicke sein, in denen wir uns gehalten fühlen und ruhiger werden. Diese Augenblicke können sich mit der Zeit ausdehnen, sie kehren häufiger zurück. Das Heilsame wächst sanft und behutsam. „Vielleicht zeigt sich eines Tages unerwartet oder ahnungsvoll dieser Lichtspalt. Wer weiß, wir erkennen ihn vielleicht nicht einmal, alles war so lange grau, dumpf, dunkel“, schreibt eine meiner

Freundinnen, die durch eine schwere Trauerzeit gehen musste. „Ob der Spalt offen bleibt," fragt sie zögernd und antwortet: „Wohl nicht immer, aber vielleicht öffnet er sich wieder. Und vielleicht spüre ich, ich bin ja auch ein Mensch mit Hoffnung, mit Sehnsucht, mich dem Leben zu öffnen."

ETWAS BLEIBT GEWISS: Über die Trauer kommen wir nicht hinweg. Wir können nur durch sie hindurchgehen, um sie zu überwinden. Der Weg in die Trauer ist, so seltsam sich das zunächst anhören mag, der Weg aus der Trauer heraus.
In kleinen, zähen und mühsamen Schritten zieht sich die Trauer zurück, holt uns wieder ein und weicht erneut. Du aber, die du das Land der Trauer durchmessen hast, gehst dem neuen Tag entgegen. Langsam wächst das Licht. Du bist eine andere geworden. Du trägst deine Narben davon und zuweilen ist die Haut darüber sehr dünn. Aber du trägst auch den unverlierbaren Reichtum im Herzen, den der Tote dir hinterlassen hat und ohne den du nie mehr sein wirst.

Zur Autorin:
Antje Sabine Naegeli, geboren 1948 in Schleswig-Holstein, Studium der evangelischen Theologie, psychotherapeutische Ausbildung zur Logotherapeutin und Existenzanalytikerin. Lebt in St. Gallen/Schweiz und arbeitet dort in eigener Praxis. Sie ist im deutschsprachigen Raum eine gefragte Referentin. Zahlreiche Veröffentlichungen zu spirituellen und psychologischen Themen.

Zuletzt ist von Antje Sabine Naegeli im Verlag am Eschbach erschienen:
Ich spanne die Flügel des Vertrauens aus (70542)
Hinter den Wolken das Licht (70768)
Entdecke, was dich ganz sein lässt (70807)
Jahresringe (70869)

Mit Fotos von:
lola1960 / shutterstock (Umschlag), **Reol** / photocase (S. 5), **khanongjansri** / shutterstock (S. 9), **K.-U. Häßler** / fotolia (S. 12), **Myimagine** / shutterstock (S. 17), **khongwangchao** / shutterstock (S. 20), **Noella Kim** / shutterstock (S. 25), **barbaclara** / photocase (S. 28), **psdesign1** / fotolia (S. 33), **MelaniWright** / shutterstock (S. 37), **suze** / photocase (S. 38).
Schmuckgrafiken: **art4ddlite** / shutterstock.

6. Auflage 2025

ein Unternehmen der Verlagsgruppe Patmos
in der Schwabenverlag AG, Ostfildern
Im Alten Rathaus/Hauptstraße 37
D-79427 Eschbach/Markgräflerland

www.verlag-am-eschbach.de
kundenservice@verlag-am-eschbach.de

Gestaltung und Satz: Angelika Kraut, Verlag am Eschbach
Kalligrafie: Ulli Wunsch, Wehr
Druck: Grafisches Centrum Cuno GmbH & Co. KG, Calbe
Hergestellt in Deutschland
ISBN 978-3-86917-562-1

FSC www.fsc.org MIX Papier aus verantwortungsvollen Quellen FSC® C043106

Gedruckt auf FSC®-zertifizierten Materialien
Näheres zur Nachhaltigkeitsstrategie der Verlagsgruppe Patmos
auf unserer Website www.verlagsgruppe-patmos.de/nachhaltig-gut-leben

Manufakt
Dieser Baum steht für Erhaltung unserer natürlichen Lebensgrundlagen, umweltschonende Ressourcenverwendung und nachhaltige Herstellung
Individuell und mit Liebe gemacht.